Made in the USA
Monee, IL
04 December 2022

19570193R00070